LES MAIRES

DE VILLAGE

AUX PROCHAINES ÉLECTIONS

PRIX : 15 CENTIMES

PARIS

ARMAND LE CHEVALIER, ÉDITEUR

64, RUE DE RICHELIEU, 64

LES MAIRES

de Village

AUX PROCHAINES ÉLECTIONS

———

Personne n'ignore aujourd'hui que les maires sont les véritables parrains des candidats officiels ; aux époques de la conscription, puis de la révision, ont lieu les réunions où se célèbre, avec une solennité toute patriarchale, le baptême de ces néophytes assermentés : cérémonie touchante qui consiste à faire choisir, par les maires, un candidat choisi et agréé d'avance par le Gouvernement!

Cette comédie préfecto-municipale, aurait sa raison d'être, si les maires étaient élus par le suffrage universel; ils pourraient alors faire fonction de *grands-électeurs*, et avoir la prétention d'exprimer les vœux de la majorité. Mais, sous la constitution qui nous régit, ces sous-sous-préfets, comme on les a fort justement qualifiés, ne représentent que le pouvoir exécutif qui les nomme, pour administrer les communes avec, ou même sans le concours de leurs conseils municipaux. Leurs préférences n'expriment, par conséquent, que les vœux du Gouvernement dont ils dépendent directement.

Or, comme il n'est ni constitutionnel, ni équitable, ni moral que le gouvernement désigne lui-même les délégués de la nation qui ont mission de contrôler ses actes, il en résulte que les maires, en tant que maires, ne doivent intervenir en rien dans le choix des candidats à la députation, ni mettre leur influence administrative au service d'aucun d'eux.

Quelque déplorable et vicieuse que soit cette institution des candidatures officielles, le Gouvernement paraît cependant vouloir la maintenir et persister dans cette pratique aussi périlleuse pour le pays que pour la dynastie.

Les électeurs des villes échapperont

peut-être à ce danger; pouvant se réunir, se grouper et s'entendre, ils repousseront généralement les candidats imposés, pourvu que leurs votes ne soient pas étouffés sous le nombre de ceux des cantons ruraux qui leur sont adjoints comme correctifs.

C'est donc dans les campagnes que le fléau sévira dans toute sa force, et, comme ce sont elles qui nomment la grande majorité des députés, sous l'influence immédiate de leurs maires, on peut dire que le sort des futures élections est entre les mains de ces derniers. Continueront-ils, comme par le passé, à se faire les complaisants des préfectures et des sous-préfectures ? Nous reverrons alors sur les bancs de la Chambre cette majorité sourde-muette qui n'a su ni empêcher une faute, ni donner un bon conseil, cette majorité plus réactionnaire que le Gouvernement, puisqu'elle a même étouffé ses velléités libérales. Se renfermeront-ils au contraire dans leurs attributions administratives, en s'abstenant dans les élections de toute pression morale et matérielle ? Nul doute que les électeurs n'envoient à la Chambre des députés jeunes et libéraux qui arrêteront peut-être le Gouvernement sur la pente fatale où il semble entraîné, pour le ramener dans la voie du progrès et des libertés.

Modestes maires de village, de vous dépend le sort du pays tout entier ! Si vous trouvez que tout est pour le mieux dans le meilleur des gouvernements ; allons ! soutenez, patronez encore vos vieux députés. Voilà dix-huit ans qu'ils siégent sans bruit, sinon sans dommage ; pendant cinq ans encore vous n'entendrez parler d'eux que par le percepteur.

Mais si, reconnaissant les abus du régime personnel, vous sentez s'appesantir chaque jour davantage le poids des impôts et des charges publiques, si vous voyez grandir le mécontentement général qui peut faire éclater, tôt ou tard, une révolution nouvelle, laissez la liberté aux électeurs, et, de cette liberté, naîtront l'économie dans nos finances et le calme dans les esprits.

Vous êtes citoyens avant d'être maires ; ne sacrifiez pas ce beau titre au vain orgueil de porter l'écharpe municipale.

Et du reste, de quel droit l'administration userait-elle de riguour à votre égard? Parce que vous auriez strictement observé la loi de votre pays qui vous défend d'influencer vos administrés dans le libre exercice de leurs droits électoraux. Non, rassurez-vous; l'administration sera bien obligée de respecter en vous le droit et la justice et vos concitoyens seront fiers de vous voir à leur tête, comme s'ils vous y avaient placés eux-mêmes.

* *
*

Déjà plusieurs conseils municipaux ont décidé que les agents salariés par la commune, ne devaient pas prendre une part active aux élections, soit en apposant les affiches, soit en distribuant les bulletins d'un candidat. Dans le cas probable où dans la présente session de février, tous les conseils municipaux, par timidité ou par négligence, ne prendraient pas cette même décision, c'est aux maires qui, seuls, ont le droit de donner des ordres à ces agents, à prendre l'initiative de cette sage réforme.

Que les gardes-champêtres cessent d'offrir les bulletins officiels à la pointe de leur sabre municipal ; que l'égalité soit rétablie entre tous les candidats pour l'affichage et la distribution des bulletins, enfin que l'électeur puisse choisir librement et sans contrainte le bulletin du candidat qui répond le mieux à ses aspirations.

Les candidats officiels seront bien encore patronés, recommandés, promenés par MM. les préfets, sous-préfets, commissaires de police et gendarmes ; mais au moins la municipalité restant neutre, la pression sera moins directe et, par suite, moins efficace : les électeurs qui la subiront, ne pourront s'en prendre qu'à leur faiblesse, disons-le mot, à leur lâcheté. Car l'homme qui, par crainte de l'autorité, ne vote pas selon sa conscience, est indigne du nom de citoyen libre.

*
* *

Il existe encore une pratique dont les maires doivent s'affranchir : Lorsqu'une commune reçoit du département ou de l'État, un secours, une subvention, on ne manque pas d'en attribuer le mérite au député en exercice ; manœuvre honteuse, et mensonge ! Quand une commune reçoit un secours ou une subvention, c'est qu'elle y a droit ; elle ne re-

çoit point une aumône, ce n'est qu'une
faible partie de son impôt qui lui ren-
tre, et le député, si par hasard il s'est
occupé de cette affaire, n'a fait que s'ac-
quitter d'un devoir qui ne lui a rien
coûté.

Les maires doivent faire connaître la
vérité à leurs administrés, de manière
que ceux-ci ne se croient pas liés vis-à-
vis du député sortant, par un sentiment
de reconnaissance qui ne saurait exister,
car le député a des obligations à remplir
vis-à-vis de ses électeurs et non des ser-
vices à rendre.

Encore une fois, votre rôle, maires de village, sera considérable dans les prochaines élections qui doivent décider de l'avenir de la France. Prenez-y garde. Réfléchissez sérieusement à la gravité de cette situation. Si, grâce à votre appui, la majorité actuelle sort encore de l'urne électorale, sachez bien que le pays pourra faire remonter jusqu'à vous la responsabilité de cette politique rétrograde qui nous mène à la ruine et à la révolution. Si, au contraire, votre sage abstention permet aux électeurs de se faire représenter à la nouvelle chambre par des députés indépendants et libéraux, vous pourrez vous glorifier d'avoir contribué à faire renaître dans le pays, la confiance

et la tranquillité sans lesquelles l'indus-
trie et l'agriculture ne peuvent prospérer.

E. MARION

Ancien Conseiller d'arrondissement.

Faverges, par la Tour-du-Pin (Isère).

Février 1860.

Paris. — Imp. Émile Voitelain et Cⁱᵉ, rue J.-J.-Rousseau.